Uno sciatore sperduto sul confine

Monti Tatra, sul confine tra Polonia e Cecoslovacchia. S'è scatenata una tempesta di neve, e un solitario sciatore sta vagando alla ricerca della pista perduta. Due guardie di frontiera, dopo averlo inquadrato nei loro binocoli, lo stanno osservando da qualche minuto.

Quando lo sciatore sta per varcare la linea di confine, si fanno un cenno con il capo e con due energiche spinte sugli sci lo raggiungono. Si trovano davanti un uomo non più giovane, scarpe chiodate, giacca a vento piuttosto logora, una piccola croce di ferro appuntata sul petto.

– Documenti.

Lo sciatore, visibilmente sollevato dall'incontro (una tempesta di neve mette sempre paura), estrae il passaporto. Le guardie leggono: *Karol Wojtyla, arcivescovo di Cracovia, cardinale della Chiesa romana*.

– Dove l'hai rubato?

– Non l'ho rubato, è mio.

Lo accompagnano al posto di guardia. Uno di loro si attacca al telefono, ma non riesce ad avere la comunicazione.

– Sentite – propone lo sciatore, – fa freddo, perché non ci beviamo intanto un bicchierino di vodka?

«Bevemmo e facemmo amicizia – racconterà poi il cardinale –. Alla fine mi lasciarono andare, ma penso che siano rimasti convinti che quel passaporto l'avessi rubato».

«Vogliono sradicare Dio»

Era il 1976. In quell'anno, alla festa del Corpus Domini, le autorità comuniste proibirono che la tradizionale processione si svolgesse per le strade della città di Cracovia. Fissarono esse stesse un percorso brevissimo in alcune vie secondarie. Davanti a una folla eccezionale, il cardinale Wojtyla celebrò la Messa, poi parlò con dolorosa fierezza:

«Vogliono farci dimenticare Dio. Lo sradicano dai giornali, dai libri, dai programmi della vita pubblica. Pochi giorni fa un ragazzo, alunno della scuola professionale, portava al collo una piccola croce: come in Polonia fanno moltissimi cristiani, vecchi e giovani. Gli chiesero di toglierla: all'interno della scuola non si doveva portare. Il ragazzo rispose con un netto rifiuto. Lo hanno cacciato. Hanno convocato sua madre e le hanno spiegato che il comportamento del figlio era una provocazione. Quella donna ha risposto: io sono fiera di mio figlio.

Tanti anni fa, episodi come questi venivano scritti dalla Chiesa nel "libro dei martiri", perché "martire" vuol dire "testimone", vuol dire uno che con il suo cornportamento fa vedere ciò che crede. Oggi dobbiamo scrivere il libro dei martiri moderni, perché questi esempi ci aiutino a vivere con coerenza il nostro cristianesimo.

Mi rimproverano sovente di parlare di queste cose. E come potrei tacere? Ogni fatto di questo genere, si tratti di un ragazzo, di una madre, di un professore di università o di uno studente, è la nostra causa comune. E io, come Vescovo, devo essere il primo servitore di questa causa. Di questa causa dell'uomo. Perché battersi per la libertà spirituale, per la libertà delle coscienze, è battersi per l'uomo. L'uomo di oggi e l'uomo di sempre».

In questi due episodi, lo sciatore smarrito sui Tatra e il vescovo che parla sulla porta della cattedrale, c'è in sintesi la vita di Karol Wojtyla: l'uomo prorompente di energie che sente

Teresio Bosco

PAPA WOJTYLA

COLLANA TESTIMONI/25

ELLEDICI

Internet: www.elledici.org
E-mail: mail@elledici.org

ISBN 88-01-03014-2

il richiamo della montagna, dei fiumi, delle grandi foreste, e le percorre zaino in spalla e scarponi ai piedi; e il cristiano appassionato di Dio e dei suoi fratelli, per i quali deve condurre ogni giorno una lotta dura e spossante, contro autorità che hanno deciso di strangolare lentamente la Chiesa della Polonia.

Una signora dal sorriso mite

C'è una vecchia fotografia nell'album di famiglia del Papa: una dolce e giovane signora, i capelli bruni a onda sulla fronte, che sorride mite stringendo un marmocchietto dagli occhi spaventati. Il marmocchietto è Karol, pochi mesi e pochissimi capelli a ciuffetto. La signora dal sorriso mite è la mamma, Emilia Kaczorowska.

Karol nacque a Wadowice, un grosso paese della Polonia meridionale, il 18 maggio 1920. Solo da undici mesi la Polonia aveva riacquistato la libertà, dopo essere stata per più di cento anni occupata e divisa tra Russia e Prussia.

A una trentina di chilometri da Wadowice è la città di Cracovia (oggi 2.200.000 abitanti). A cento chilometri sorge il più famoso santuario nazionale: Czestochowa con la «Madonna Nera», la vera regina della Polonia. Qui ogni anno affluiscono milioni di polacchi. Qui, durante i cento anni di dominazione dei Prussiani protestanti e dei Russi scismatici, i Polacchi cattolici continuarono a sentirsi «una nazione indivisibile».

Il papà di Karol, che portava il suo stesso nome, era sottufficiale dell'esercito, e aveva combattuto nella prima guerra mondiale.

I primi otto anni di vita di Karol sono felici. Ma il nono porta una croce grande, incancellabile: la morte della mamma.

I sassi ai cani e agli ebrei

Si parla molto, oggi, delle persecuzioni inflitte da Hitler agli ebrei. Ma la verità bisogna dirla intera: già molti anni prima di Hitler, gli ebrei erano guardati di malocchio nelle nazioni nord-europee. I ragazzi che tiravano sassi erano presi a sberle dai loro genitori, eccetto in due casi: se i sassi li tiravano a un cane rognoso o a un ebreo.

Il signor Jurek Kluger è un anziano signore ebreo. Ha la stessa età di papa Wojtyla, e abitava nel suo stesso paese, Wadowice. Intervistato dal giornalista Svidercoschi, con parole semplici ha ricordato quegli anni:

«A Wadowice, su poco più di novemila abitanti, eravamo duemila ebrei. E per noi, sa, non era una vita tanto facile. Si faceva presto a far del male a un ebreo, a colpirlo nella sua sensibilità, a offenderlo. Ma lui, Karol, mai. Mai uno sgarbo. Mai niente».

Andavano alla scuola elementare insieme. Jurek chiamava Karol «Lolek», un diminutivo che corrisponde al nostro «Carletto»; Karol chiamava Jurek (Giorgio) «Jurku». «Quante volte nella vita – ricorda il signor Kluger – ho ricevuto le sue lettere che cominciavano "Drogi Jurku", caro Giorgetto».

Il signor Kluger ricorda bene il papà di Lolek:

«Aveva una grande cultura. Era uno studioso di storia. Faceva delle ricerche sulla chiesa in Polonia. Era un uomo dai modi molto signorili, lo sguardo severo, che però ispirava una profonda dolcezza. Parlava sempre sottovoce, con una calma, una serenità... Non era certo dinamico come suo figlio».

1938: la fine della serenità

Kluger ricorda che a 13 o 14 anni Lolek fondò, con l'aiuto di uno dei suoi insegnanti, un'associazione mariana. L'insegnante, signor Jelonek, ne era molto fiero. Com'era fiero di una piccola compagnia di arte drammatica che Lolek fondò tra giovani studenti, ragazzi e ragazze. «Lolek recitava versi, cantava con quella sua bellissima voce – ricorda Kluger –. Riusciva meglio degli altri in tutto: nello studio, nel calcio, nello sci. Non era uno sgobbone. Studiava il tempo che studiavamo noi, solo che era più intelligente, più geniale».

1938. Lolek e Jurku compiono 18 anni e superano brillantemente l'esame di baccelierato (il corrispondente della nostra «maturità liceale»). Kluger custodisce la fotografia di quel fine d'anno: «Vede? Karol è il primo a sinistra. Ha ottenuto il massimo dei voti. Guardi il suo fisico: asciutto e robusto come un vero montanaro, la faccia pulita, serena».

Ma quel 1938 è destinato a porre fine a molta di quella serenità.

In una epidemia di scarlattina, muore il fratello maggiore di Karol, Edmond, che si è laureato in medicina e sta curando i malati nell'ospedale di Bielk-Biala. Per il papà, che ha affrontato anche penosi sacrifici finanziari per far studiare i figli, è un colpo tremendo.

Marciano le camicie brune

Nella vicina Germania, da cinque anni ormai, marciano le «camicie brune».

Hitler, il dittatore folle che sta per trascinare il mondo nella seconda guerra mondiale, ha da tempo scatenato una persecuzione feroce contro gli ebrei, che egli vede come «la razza che ha portato ogni male all'umanità». Anche in Polonia per gli ebrei cominciano tempi durissimi. Per «tenersi amico» il dittatore nazista che ha messo in piedi l'esercito più potente del mondo, anche qualche polacco comincia a pensare che occorre «liberarsi in qualche modo degli ebrei».

Il signor Kluger testimonia: «Nonostante fossi ebreo, Lolek ha continuato a comportarsi con me esattamente come prima. Sempre lo stesso amico. Sempre a volermi bene, a dimostrarmi il suo attaccamento in mille modi. E lo faceva non per pietà, ma con estrema naturalezza. Non c'era nulla di forzato. Benché giovane, aveva già allora un grande carattere, una grande forza d'animo. Forse lei non può capire, ma in quei giorni, in quei momenti, sapesse che cosa rappresentava per me, un ebreo, quel rapporto così caldo, così umano, così fraterno».

L'appartamento con la scala di ferro

Perché Karol possa continuare gli studi, in quel 1938 papà lo porta a vivere a Cracovia, in via Tymieniecka 10. Un appartamentino povero, al primo piano, formato appena di due stanze. Per salirvi bisogna servirsi di una scala di ferro dal cortile. Karol si iscrive alla facoltà di lettere dell'Università, e anche alla «Scuola teatrale», probabilmente con l'intenzione di diventare attore professionista. Comincia pure a frequentare la sua nuova parrocchia, retta dai Salesiani e dedicata a san Stanislao Kostka.

Ma arriva il 1939 a sconvolgere tutto con la tragedia della seconda guerra mondiale.

Ai microfoni della radio tedesca, in discorsi frenetici, Adolf Hitler proclama alla Germania e al mondo che la terra polacca è «territorio vitale» necessario all'espansione voluta dal destino per la «razza privilegiata», la razza germanica.

23 agosto 1939. Tra l'URSS di Stalin e la Germania di Hitier viene firmato un «patto di non aggressione». C'è una clausola segreta, in quel patto: la Polonia sarà spartita tra URSS e Germania secondo una linea che corre da nord a sud.

Alle 4,45 inizia la tragedia della Polonia

1° settembre 1939. Per la Polonia la grande tragedia inizia alle 4,45 del mattino. Le divisioni corazzate del generale tedesco Guderian varcano il confine e avanzano verso la capitale al ritmo di 70-80 chilometri al giorno. Duemila aerei della *Luftwaffe* bombardano i nodi ferroviari e stradali, paralizzando praticamente la vita della nazione.

Nel tentativo disperato di fermare l'invasore, i Polacchi

schierano in campo anche la brigata di cavalleria Pomorska: cavalli contro *tanks*, lance contro cannoni, sciabole contro mitragliatrici. I cavalleggeri vanno al contrattacco cantando, e muoiono prima ancora di venire a contatto diretto con il nemico.

Francia e Inghilterra, che hanno firmato con la Polonia un patto militare di mutua assistenza, entrano in guerra contro la Germania nello spazio di 48 ore.

Il 17 settembre, con il pretesto di proteggere le minoranze russe, anche l'esercito sovietico invade la Polonia e conquista tutte le province orientali. (Nell'aprile del 1943 verranno trovate nella foresta di Katyn, in territorio sovietico, otto immense fosse con i resti di 4.150 ufficiali polacchi. Presi prigionieri dai sovietici, erano stati prima internati nel campo di Kosel'sk, poi massacrati).

27 settembre 1939. Mentre gli aerei tedeschi in ondate serrate martellano la capitale, la radio annuncia, sottolineandola con le note di Chopin, la caduta di Varsavia e della Polonia. La guerra è durata soltanto quattro settimane.

Prima a Parigi, poi a Londra si forma il «Governo Polacco in esilio», capeggiato dal generale Sikorski. Formerà presto un esercito di esuli polacchi, che parteciperanno alle più dure battaglie del fronte occidentale, tra cui quella di Montecassino. Lassù c'è oggi un grande cimitero di caduti polacchi. Il «Governo Polacco in esilio» non sarà mai riconosciuto dall'URSS.

Un decreto di Hitler (8 ottobre 1939) incorporò nel *Reich* (= la «grande Germania») le quattro province polacche occidentali, e costituì il rimanente territorio polacco in *Governatorato generale*. Governatore fu nominato H. Frank, con l'incarico di «germanizzare» la Polonia. Dichiarò senza mezzi termini: «Lo spazzare le razze straniere fuori dai territori incorporati è uno degli scopi essenziali da proseguire nell'oriente germanico». Era la condanna a morte di un intero popolo.

Dalle quattro province incorporate alla Germania furono

cacciati un milione e mezzo di contadini polacchi, trasferendoli in pieno inverno nel *Governatorato generale*. Fu un'emigrazione tragica, di sofferenze inenarrabili.

La fuga di Jurek

Contemporaneamente inizia l'eliminazione degli ebrei. Karol viene a sapere che anche la famiglia dell'amico Jurek è dispersa. La nonna, la madre, la sorella Stefania (che Karol chiamava affettuosamente «Tesia») sono state deportate in campo di eliminazione (finirono nei forni crematori). Jurek, insieme al padre, è invece riuscito a varcare la linea di confine, consegnandosi nelle mani dei sovietici.

Come tutti i giovani polacchi che cercano rifugio in URSS, Jurek Kluger è condannato dai sovietici a dieci anni di «rieducazione» in un campo di lavori forzati. Sarà amnistiato solo quando Hitler dichiarerà guerra all'URSS, e i giovani polacchi verranno mandati a combattere in prima linea.

Questi tragici sconvolgimenti sono colpi durissimi per il calmo e severo signor Wojtyla. La sua salute declina rapidamente. Muore nel 1941.

Karol, trovatosi solo nella casa di via Tymieniecka 10, torna a Wadowice, e riesce a persuadere la famiglia di un suo caro amico, Miec Kortarczyk, a venire a stare con lui a Cracovia. La signora Zofia ricorda: «Accettammo. Io mandavo avanti la casa, mio marito lavorava come tramviere». Karol e Miec studiano e fanno teatro insieme.

Operazione Barbarossa

Frattanto gli avvenimenti politici evolvono rapidamente.

Hitler, che non è riuscito ad invadere l'Inghilterra, pensa alla guerra con l'URSS: è l'*Operazione Barbarossa*, come viene chiamata in codice.

Per questa grande operazione militare i suoi eserciti avranno bisogno di poter disporre pienamente del territorio polacco e di tutte le sue risorse. «Il popolo polacco – proclama cinicamente Hitler – è un popolo di schiavi, destinato dalla storia a servire la razza-signora dei Germanici. I tedeschi combatteranno, i polacchi lavoreranno nelle fabbriche e nelle miniere al loro posto».

Ha così inizio il «secondo piano» di H. Frank. Per bloccare in partenza ogni reazione e resistenza, viene decretato ed eseguito lo sterminio di quattro categorie: gli intellettuali, i nobili, il clero, gli ebrei. La *Gestapo* penetra nelle case alle prime luci dell'alba. Le persone arrestate spariscono.

A 60 chilometri da Cracovia, presso la cittadina di Oswiecim (chiamata dai tedeschi Auschwitz), viene aperto il *Vernichtungslager* (campo di sterminio). In cinque anni, vi saranno eliminate da tre a quattro milioni di persone. È un grave errore storico pensare che vittime di questo tremendo «olocausto» furono soltanto gli ebrei. Il 20 marzo 1941 (per portare soltanto un esempio) la *Gestapo* arrestò e portò in campo di sterminio l'arcivescovo, il vescovo suffraganeo, tutti i sacerdoti e i religiosi della zona di Plock. Nei campi di sterminio, che vengono aperti in gran numero sul territorio polacco, verranno eliminati milioni di ebrei, cattolici, zingari, prigionieri di guerra, handicappati.

Il piano di Frank continua con la deportazione in Germania di folle di uomini polacchi, per lavorare in condizioni di schiavitù sotto padroni tedeschi. Nel 1942 il loro numero era già di 800 mila. Anche 500 mila donne polacche furono deportate e assegnate come serve alle famiglie tedesche.

«Levate le bandiere al vento dell'Est!»

22 giugno 1941. Il territorio polacco è ormai un'attrezzata e «tranquilla» base di operazione. Hitler dà il segnale alle sue truppe: «Levate le bandiere al vento dell'Est!». Le divisioni corazzate marchiate dalla croce uncinata penetrano

profondamente nel territorio sovietico. Sembra un'altra tappa della guerra-lampo, come quella che ha travolto la Polonia. Inizia invece la logorante e disastrosa avventura che porterà Hitler alla sconfitta.

Karol Wojtyla, per non rischiare la deportazione in Germania, abbandona la scuola e diventa operaio nelle cave di pietra di Zakrzowek, poi negli stabilimenti chimici di Solvay. Lo sarà per quattro anni.

Contemporaneamente Karol (che ha 21 anni) partecipa alla «resistenza clandestina» nell'organizzazione cristianosociale UNIA. Rischiando la vita, procura certificati falsi a ebrei, ne nasconde alcuni, braccati dalla *Gestapo*, in casa sua, dividendo con loro il cibo e la paura.

Resistenza in palcoscenico

Karol, in quegli anni, organizza anche un'altra forma di «resistenza» un po' difficile da comprendere per noi italiani. Insieme a Miec dà vita a una compagnia di giovani attori.

Recitano nei capannoni accanto alla fabbrica per il pubblico che è formato dagli operai che hanno terminato la dura giornata di lavoro. Mettono in scena specialmente le opere dei drammaturghi polacchi.

Nel momento in cui la Polonia è occupata, divisa, calpestata, risentire le grandi parole dei poeti polacchi ridà coraggio a quei lavoratori, li invita a sperare, a tenersi uniti, a non perdere la fiducia nella patria che rinascerà.

Ma, oltre al lavoro e alla «resistenza», c'è un terzo elemento che in quegli anni bui riempie la vita di Karol. Il salesiano don Michal Szafarski, compagno e amico di Karol, ricorda: «Facevamo parte tutti e due di un'associazione parrocchiale diretta da un grande cristiano, Jan Tyranowski, di professione sarto. Ci radunavamo sovente in casa sua. Un prete salesiano era nostro assistente spirituale. Insieme pregavamo, leggevamo la Bibbia e libri di spiritualità, riflettevamo in lunghi spazi di silenzio, ci irrobustivamo nella fede. Karol partecipava ogni giorno alla Messa, prima di portarsi al lavoro. Lo vedevamo tutto raccolto, col messalino fra le mani. Lo trovavamo sovente inginocchiato all'altare dell'Ausiliatrice, a pregare con il rosario in mano».

Mezza stanza per studiare

1942. Don Michal ricorda: «Un giorno l'assistente ecclesiastico ci annuncia che Wojtyla e un altro del gruppo hanno cominciato a studiare filosofia per diventare sacerdoti».

Non è certo facile «studiare da prete» in quel tempo. Il seminario è chiuso. Mentre continua a lavorare come operaio, Karol va a passare le ore libere nella parrocchia. Un salesiano gli fa scuola di latino. Con un mobile e un paravento, divide la sua stanza in due. Nell'angolino reso così disponibile, Wojtyla può studiare tranquillo.

Tornando da Cardinale nella parrocchia dei Salesiani, dirà dal pulpito: «Davanti a questo altare (*e con la mano indicava l'altare di Maria Ausiliatrice*) ho pregato la Madonna chiedendo la grazia della vocazione sacerdotale. E ora la ringrazio con affetto perché questa grazia me l'ha ottenuta».

Gli ebrei nei sotterranei dell'arcivescovo

L'anziano arcivescovo Sapieha, che i nazisti non hanno osato toccare, e che in questi tristi anni è la figura più luminosa della Polonia, segue a uno a uno i suoi seminaristi «clandestini». Li manda a servire gli ebrei rifugiati nei sotterranei della sua residenza, e ne misura il coraggio e la fede. «Con il suo sguardo d'aquila – scrive Maria Winowska – indovinò subito le capacità intellettuali e la forza di carattere del giovane seminarista Wojtyla».

La Polonia, intanto, continua a vivere la sua tragica passione.

Sul territorio polacco sorgono numerose formazioni partigiane armate. Riescono a collegarsi con il «Governo in esilio» a Londra. Il 15 luglio 1942 queste formazioni si uniscono in «Esercito Nazionale».

La strage nel ghetto

23 aprile 1943. È giunto l'ordine (direttamente da Hitler) di «ripulire con la massima energia e severità il ghetto», cioè il quartiere di Varsavia in cui sono ammassate le famiglie ebree più povere fino allora sopravvissute.

Interi battaglioni germanici circondano il ghetto e cominciano la carneficina. Mentre i lanciafiamme e le armi automatiche avanzano facendo strage nelle vie e nelle case, centinaia di ebrei gettano se stessi e i propri figli dalle finestre, altri si nascondono nelle fogne. Le case esplodono come terribili fiori di fuoco, le mitragliatrici abbattono donne e fanciulli che fuggono gridando per le strade e le piazze.

Al termine della strage si contano 56.065 cadaveri. Gli altri sono sepolti sotto le case incendiate e distrutte.

26 aprile 1943. Mosca rompe ufficialmente i rapporti con il «Governo Polacco in esilio» a Londra. Sembra una notizia burocratica, invece presto avrà conseguenze enormi per tutta la Polonia. Sotto la protezione di Stalin, nello stesso mese sorge il *Comitato di liberazione nazionale* presieduto dal comunista Bierut. Esso si pone in antagonismo con l'Esercito Nazionale riconosciuto dal «Governo in esilio».

63 giorni di insurrezione e i russi stanno a guardare

Nell'estate del 1944 l'esercito sovietico avanza velocemente in territorio polacco. I tedeschi si ritirano. La speranza di una liberazione imminente induce i partigiani di Varsavia, capeggiati dal generale Komorowski, a insorgere contro i nazisti che ancora occupano la città.

La lotta si accende per le vie, le piazze, sulle scale delle case. Hitler, informato, ha una reazione rabbiosa: «Riportate l'ordine a Varsavia! Se è necessario, radete al suolo la città!».

La lotta, disperata, dura 63 giorni. I tedeschi fanno confluire nella capitale carri armati e artiglieria pesante, bombardano gli isolati in mano ai partigiani con aerei. Le truppe russe sono vicinissime. Il 14 settembre occupano addirittura i sobborghi est di Varsavia, si attestano sulle sponde della Vistola.

I partigiani, asserragliatisi nel centro della città, invocano disperatamente la loro avanzata. Anche gli Inglesi e gli Americani, alleati dei Sovietici, sollecitano il loro intervento.

Ma l'«Esercito Nazionale» si è dichiarato fedele al «Governo Polacco in esilio», e i Sovietici non si muovono. Assistono impassibili al massacro.

Persino agli aerei anglo-americani che appoggiano l'insurrezione viene vietato di atterrare nel territorio occupato dai Russi.

Il 2 ottobre, alle ore 21, l'insurrezione di Varsavia è soffocata. La città viene rasa al suolo.

Su una popolazione di un milione di abitanti, quasi 200 mila furono le vittime.

«Quando i russi fecero il loro ingresso nella città, tre mesi più tardi, – scrisse Churchill – non trovarono quasi altro che strade sconvolte e morti insepolti. Questa fu la *loro* liberazione della Polonia, dove essi ora comandano».

È impossibile comprendere l'atteggiamento dei Polacchi verso i Sovietici (pur dopo 35 anni di dominazione comunista) se non si conoscono queste pagine di storia. I Polacchi non potranno mai dimenticare.

31 dicembre 1944. Il Comitato di Liberazione Nazionale presieduto dal comunista Bierut e sostenuto dai Sovietici si proclama «Governo Provvisorio Polacco». Americani e Inglesi, a Jalta nel 1945, lo riconosceranno. La seconda guerra mondiale, iniziata da Inghilterra e Francia per restituire la li-

bertà alla Polonia invasa da Hitler, termina con la Polonia abbandonata nelle mani di Stalin.

La Polonia può fare il triste bilancio dei cinque anni di guerra: 6 milioni di morti (22% della popolazione), 2 milioni di invalidi, il 40% della gioventù in età scolare colpito dalla tubercolosi.

Sacerdote nel primo anno di pace

È in questi anni allucinanti che Karol Wojtyla si prepara, tra difficoltà che a volte sembrano insormontabili, a diventare sacerdote. Continua a studiare nella stanzetta di un prete salesiano divisa in due da un paravento, mentre 67 salesiani vengono trucidati nei campi di Auschwitz, Grossrosen, Mauthausen.

Il cardinale Sapieha lo ordina sacerdote il 1° novembre 1946. Don Karol Wojtyla dice la prima Messa nella chiesa della sua parrocchia, accanto all'altare di Maria Ausiliatrice dove, pregando, ha maturato la sua vocazione.

Quel 1946 è per la Polonia il primo anno di pace. Una pace fragile, minacciata dalla presenza massiccia dell'Armata Rossa. Ma è sempre «la pace», che apre i cuori alla speranza, che invita alla gioia.

Sulle aie contadine e sugli spazi verdi della città (pur tra cumuli di macerie) i Polacchi tornano timidamente a intrecciare le loro danze antiche, a cantare, a vivere. «Siamo in un albergo brutto. Ma vi dobbiamo pur vivere: non possiamo passare la vita a piangere», dice con coraggio un giovane vescovo ancora sconosciuto, Stefan Wyszynski.

Karol Wojtyla ha 26 anni. Un prete giovane, pieno di vita. Studia e predica, organizza i giovani e scrive drammi teatrali, passa ore in confessionale e canta nei cori. Con i suoi gruppi giovanili, armato di attrezzi rudimentali, sale sui monti Tatra a sciare, si getta con la canoa lungo i torrenti che si srotolano impetuosi verso la Vistola, percorre le grandi foreste passando le notti in tenda e sacco a pelo.

Imparare italiano dai giovani di periferia

Mentre in Polonia cominciano a delinearsi i primi aspri scontri tra cattolici e comunisti, il cardinale Sapieha (80 anni) chiama don Wojtyla e gli comunica che ha deciso di mandarlo a Roma per due anni.

«Studierai e ti laureerai in teologia. Sono sicuro che non sprecherai il tempo, perché sai quanto bisogno abbiamo qui di sacerdoti, e quale sacrificio sia per la nostra Chiesa darti due anni per perfezionare i tuoi studi».

Don Wojtyla scende a Roma, e per due anni studia intensamente all'*Angelicum*, l'università ecclesiastica diretta dai Domenicani. Sabato pomeriggio e domenica li va a passare in una parrocchia di periferia, lavorando sodo tra i giovani.

Da quei giovani impara in breve tempo ad esprimersi in un italiano vivace e popolaresco. Non immagina certo che un giorno questa lingua imparata in un angolo della periferia romana gli servirà per parlare dalla Cattedra di San Pietro.

I giovani si trovano bene vicino a lui, la gente ci parla insieme volentieri. Qualcuno dirà: «Perché è moderno, sa sciare, nuotare». Non è vero. Ci sono preti che sciano, nuotano, e la gente non li avvicina nemmeno. Il segreto di don Wojtyla è un altro: qualunque cosa faccia, in lui si sente l'entusiasmo di essere prete, di lavorare per ricordare all'uomo che è figlio di Dio, per aiutarlo a realizzare la sua libertà e la sua dignità. Non si sente in lui nessuna incertezza, nessun rimpianto per altre strade che avrebbe potuto seguire.

«A tarda notte, apriva adagio la porta della cappella»

Questo entusiasmo sereno e profondo, don Wojtyla lo nutre con la preghiera. Scrive Maria Winowska: «I suoi intimi ben sanno che cos'era, che cos'è la sua preghiera. Un bisogno vitale, un incontro con il Signore e col Maestro. Si lascia letteralmente sommergere in questo dialogo silenzioso, da cui lo si strappa a fatica. Ogni giorno incontra Cristo, e Cristo *crocifisso*. Di qui la sua fedeltà alla *via crucis*, che fa quotidianamente».

Maria Winowska lavorò accanto a Wojtyla per quindici anni. E testimonia: «A tarda notte, in qualsiasi ora, il cardinale Wojtyla apriva adagio la porta della cappella, restava un istante in raccoglimento, poi cadeva letteralmente in ginocchio davanti alla prima stazione della *via crucis*. Mani giunte, capo chino, atteggiamento di chi è entrato in contatto con Dio. Nessuno sforzo per entrare in sintonia con la Passione di Cristo, sulla strada del Calvario».

Battersi con grinta per la giustizia

In questi due anni compie un viaggio di studio in Francia e in Belgio, dove segue con molto interesse il movimento della *Joc* (Gioventù Operaia Cristiana) fondata da padre Cardijn.

Vede i giovani operai cristiani battersi con grinta per una maggiore giustizia nelle fabbriche, nelle miniere, nel mondo del lavoro.

Molti cristiani «benpensanti» chiamano con disprezzo padre Cardijn e i suoi giovani: «Comunisti». Ma Wojtyla costata di persona che non è vero. Battersi per la giustizia è battersi per l'uomo, perché possa vivere con la dignità che Cristo gli ha dato: la dignità di figlio di Dio. Guai se, con il pretesto del comunismo, i popoli cristiani continueranno a umiliare i lavoratori, a permettere ai ricchi di diventare sempre più ricchi e arroganti. La rabbia dei poveri crescerà fino a scatenare la rivoluzione violenta. E nessuna rivoluzione violenta (Wojtyla conosce bene l'URSS di Stalin) saprà risolvere con saggezza i problemi dei poveri.

Nel 1949, don Wojtyla torna in patria. Nei due anni della sua assenza, molti avvenimenti hanno ammassato nubi minacciose nel cielo della Polonia.

Lo stalinismo duro e Stefan Wyszynski

Il 13 febbraio 1947, sotto la pressione sovietica presente in tutto il Paese con la sua «Armata Rossa», la Polonia si è data una nuova Costituzione. In essa si è accettata la dipendenza dall'URSS fino al punto di avere come comandante delle Forze Armate polacche e Ministro della Difesa un generale sovietico, Rokossowski.

Nel 1948 il regime comunista «duro» impersonato dal Presidente della repubblica Bierut, ha cacciato fuori del partito comunista i «moderati» che chiedevano una maggiore indipendenza da Mosca e un partito comunista «nazionale». Gomulka, il capo dei moderati, è stato espulso dal partito e poi incarcerato.

Nello stesso 1948, arcivescovo di Varsavia è stato nominato Stefan Wyszynski, 47 anni. Si rivelerà in breve un uomo nobilissimo e un lottatore di razza.

La situazione della Chiesa si fa ogni giorno più drammatica: chiese e seminari vengono chiusi, la scuola di religione proibita, vescovi e sacerdoti incarcerati alla minima «interferenza politica».

Wyszynski affronta realisticamente la situazione: non si oppone alle riforme economiche imposte dal governo (collettivizzazione dell'agricoltura), ma reagisce fortemente ad ogni limitazione di libertà.

La cattedrale di Varsavia, dove pronuncia le sue omelie, è sempre affollatissima, ed egli parla con estrema chiarezza. Difende i suoi vescovi, i suoi sacerdoti, incoraggia i fedeli a perseverare nella fede e a preparare tempi migliori per la Patria e per la Chiesa.

Il 25 settembre 1948, dopo l'arresto dell'eroico vescovo di Kielce, ha detto dal pulpito: «Oggi parlano di vescovi criminali. Ma verrà un giorno in cui la storia parlerà di criminali santi».

Quella sera, per la prima volta, la polizia è entrata nella casa dell'Arcivescovo, a minacciargli l'arresto.

Don Wojtyla deve continuare per due anni gli studi per laurearsi in teologia all'Università statale di Cracovia. Intanto è nominato «vicario» nella chiesa di San Floriano, e si presta a sostituire tutti i preti che si trovano in difficoltà nei piccoli paesi di montagna.

Nel 1951 Wojtyla si laurea e abilita all'insegnamento presso l'Università di Cracovia. Subito dopo diventa insegnante nel seminario della stessa città.

La dura lotta per sopravvivere

Frattanto la Chiesa continua la sua dura lotta per sopravvivere.

Nel 1950 il governo comunista smantella l'organizzazione di beneficenza «Caritas» accusata di aiutare i poveri servendosi di aiuti che provengono dai cattolici americani.

Nello stesso anno vengono nazionalizzate tutte le proprietà della Chiesa, e il vescovo di Chelmno (conosciuto in tutta la Polonia come uno dei più autorevoli studiosi di filosofia) è condannato a 6 settimane di carcere duro. Ne uscirà in preda a un grave esaurimento fisico e psichico.

Nonostante queste vessazioni, nell'aprile 1950 i Vescovi firmano un accordo con il governo. Si impegnano a lavorare per la ricostruzione del Paese e ad accettare la collettivizzazione delle zone agricole. In cambio, viene loro garantita una limitata istruzione religiosa nelle scuole, la libertà degli ordini religiosi, la sopravvivenza della stampa cattolica.

Cinque mesi dopo, il governo ha talmente violato la parola data, che gli stessi Vescovi firmano una vibrata protesta:

«Nella storia della Chiesa cattolica in Polonia, gli ultimi cinque anni hanno visto ingiustizie senza precedenti: organizzazioni cattoliche sono state vietate; la stampa e le pubblicazioni religiose sono limitate talmente con la censura e altre restrizioni che hanno quasi cessato di esistere; il culto pubblico non è più libero... Contemporaneamente la *Caritas* è stata liquidata, tutti i beni ecclesiastici nazionalizzati. La propaganda antireligiosa viene condotta sulla stampa, nelle scuole, nei campeggi estivi per la gioventù e l'infanzia. I tribunali, la polizia, i servizi fiscali esercitano pressioni sulla coscienza dei cittadini, dei sacerdoti, dei vescovi. Viene violata la libertà di coscienza degli appartenenti ai partiti, ai movimenti sindacali».

La morte di Stalin e il momento più buio per la Chiesa

Novembre 1952. Alcuni sacerdoti di Cracovia sono arrestati come «spie del Vaticano e dell'America». Alla fine di un processo-farsa, due sono condannati a morte, uno all'ergastolo, gli altri a 10-15 anni di carcere.

1953.12 gennaio. Papa Pio XII invia a Stefan Wyszynski la nomina a Cardinale e Primate della Polonia. Il governo reagisce impedendogli di recarsi a Roma e accusandolo di «interesse per l'imperialismo americano».

5 marzo. A Mosca muore il dittatore Stalin. C'è un momento di incertezza grande in tutto il mondo comunista. Le cose cambieranno? Potrà tornare un filo di libertà? Gli avvenimenti che seguono a breve termine sembrano smentire queste speranze.

28 settembre. Il governo presieduto da Bierut condanna il cardinale Wyszynski alla «residenza coatta» in un monastero presso Varsavia. Gli proibisce di «svolgere ogni funzione relativa alle cariche ecclesiastiche finora ricoperte». «Residenza coatta» vuol dire prigione.

Comincia il periodo più buio e difficile della Chiesa in Polonia. Durerà fino al 1956.

Quattro notti in treno alla settimana

In questi anni, Wojtyla continua a insegnare al seminario di Cracovia, e nel 1954 diviene professore di filosofia all'Università cattolica di Lublino. «Veniva da Cracovia in treno due volte la settimana – racconta padre Bernardski che fu professore con lui per cinque anni, – e viaggiava tutta la notte. La mattina celebrava la Messa nel convento dei domenicani alle 7, poi faceva colazione con me, quindi teneva la sua lezione. Alla sera, via alla stazione. Riprendeva il treno, un'altra notte di viaggio ed era nuovamente a Cracovia».

Il successo di Wojtyla tra gli studenti universitari è notevole. Quel suo sereno «entusiasmo di essere prete» calamita attorno a lui molti giovani. A Cracovia diventa assistente degli studenti e dei laureati nell'Università statale.

Gli operai delle officine «Stalin» in sciopero

Febbraio 1956. Al XX Congresso del Partito comunista sovietico, a Mosca, il segretario del Partito Nikita Kruscev denuncia i crimini commessi da Stalin. Il dittatore comunista – ammette Kruscev – ha mandato a morte migliaia e migliaia di innocenti, ha varato piani disastrosi per l'economia sovietica, ha soppresso la libertà, si è comportato da tiranno sanguinario. Il mondo rimane col fiato sospeso. Che cosa capiterà ora nel mondo comunista?

28 giugno 1956. A Poznan, una città della Polonia centro-occidentale, durante la *Fiera internazionale* che ha radunato in città molti stranieri, 15 mila operai delle officine «Stalin» entrano in sciopero. Scendono per le strade, marciano nel centro della città chiedendo la libertà dai russi oppressori.

Il popolo appoggia la rivolta.

Intellettuali, studenti, gente di ogni categoria affollano le strade. Chiedono l'immediata liberazione del cardinale Wyszynski, si addensano minacciosi presso la sede della polizia e quella della radio.

Ma per le strade arrivano i carri armati, battaglioni corazzati vengono fatti affluire velocemente nei punti strategici della città. Le manifestazioni e lo sciopero sono duramente repressi.

Nell'aria però rimane come un'attesa, una febbre. Se Kruscev ha denunciato l'uccisione della libertà da parte di Stalin, perché la libertà non può tornare a vivere?

Budapest: la rivolta e l'agonia

23 ottobre 1956. Scoppia la rivolta a Budapest, in Ungheria, contro gli stalinisti. Si combatte nelle strade.

La fiammata antistalinista rimbalza in Polonia, a Cracovia, Varsavia, Poznan. Don Wojtyla partecipa attivamente alle dimostrazioni studentesche, alla catena di fraternità che viene lanciata in tutta la Polonia a favore degli insorti ungheresi. Da Cracovia partono per Budapest vagoni pieni di medicinali, plasma sanguigno, indumenti, cibo.

I vertici politici sono travolti dall'ondata. Ochab, lo stalinista segretario del Partito, viene sbalzato. Al suo posto sale Gomulka, il comunista «moderato» che esce dalla prigione per prendere in mano il governo.

Ma da Budapest arrivano notizie tremende: i carri armati sovietici hanno circondato la città, la stanno conquistando a cannonate. Operai e studenti combattono tra le rovine.

Un alto funzionario sovietico porta a Gomulka, nella sede del governo di Varsavia, un crudo messaggio di Kruscev: «Se non obbedite vi schiacceremo come stiamo schiacciando Budapest».

Gomulka capisce che un uomo solo può evitare un disastroso bagno di sangue per tutta la Polonia: il cardinale Wyszynski. Lo libera dalla prigionia e lo convoca a Varsavia.

«Non abbiamo bisogno di morti eroiche»

Il 1° novembre, la figura alta, pallidissima del cardinale invia il suo primo messaggio alla nazione. Una folla immensa lo ascolta.

«La Polonia non ha bisogno di morti eroiche, ma di eroico lavoro per rinascere». Invita i polacchi a deporre ogni volontà di guerra: non si può combattere con le mani contro i carri armati. Indirettamente, il cardinale dà una mano a Gomulka, che ha promesso una «via nazionale» al comunismo.

Gli studenti di Cracovia sono delusi, esasperati. Vogliono riforme radicali: lo sganciamento dalla Russia, il ritorno alla libertà. Don Wojtyla ha con loro lunghi e appassionati dibattiti. Sostiene la linea di Wyszynski:

«Occorre essere realisti. Gomulka non può concedere niente di più. Pretendere la libertà vuol dire essere occupati dai carri armati sovietici nello spazio di 48 ore. Il comunismo nazionale non è un bene, ma è un male minore. Pretendere tutto e subito vuol dire perdere tutto e subito».

Il 7 dicembre di quello stesso anno, Gomulka firma un accordo con i Vescovi: intellettuali cattolici, sacerdoti e religiosi sono liberati dal carcere, è tollerato l'insegnamento religioso fuori del normale orario scolastico quando la maggioranza dei genitori lo richiede, i cattolici possono nuovamente pubblicare un loro giornale settimanale.

Rapporto segreto

La tensione tra Stato e Chiesa si allenta. Non tutte le promesse sono mantenute, ma si può vivere. La lotta continua, subdola e silenziosa.

Un rapporto segreto del «sottosegretariato agli affari religiosi» (pubblicato in Francia solo nel 1964) espone in questi termini la nuova strategia anti-cattolica: «Occorrerà approfittare di tutte le divergenze interne per indebolire la Chiesa e corrodere la sua coesione. Collaboratori segreti dovranno rendere difficili le direttive dei vescovi. Alla parrocchia, centro della vita religiosa, dovranno indirizzarsi i maggiori sforzi dello Stato: introdurre informatori in ogni attività parrocchiale, avere da loro rapporti scritti e precisi che permettano di ostacolare le principali iniziative».

Trovarono il nuovo vescovo in canoa

Settembre 1958. Dal Vaticano giunge a Varsavia la nomina di don Wojtyla a vescovo ausiliare di Cracovia.

Il cardinale Wyszynski lo fa cercare. Sembra introvabile. È salito con un gruppo di giovani forniti di canoe alla sorgente di uno dei tanti torrenti che confluiscono nella Vistola. «C'è una regione coperta di fitte foreste, punteggiata di mille laghi – ricorda mons. Dabrowski –. L'abbiamo scovato dentro quel labirinto e portato dal cardinale. Si presentò in tenuta sportiva, tutto abbronzato. Prima di comunicargli la notizia, Wyszynski gli disse:

– Ricordati che al Papa non si nega niente –. La lettura della nomina lo lasciò come tramortito. Dopo un attimo si inginocchiò e disse:

– Sia fatta la volontà di Dio –. Ma subito soggiunse: – E adesso che facciamo? Non potrebbe tenere segreta la mia nomina fino a quando saremo arrivati alla foce della Vistola?

Wyszynski sorrise e diede la parola. Wojtyla tornò tra i suoi giovani, dormì con loro in tenda, e la mattina disse la Messa, come al solito, sull'altarino portatile, la croce formata da due pagaie incrociate.

Un mese esatto dopo la sua consacrazione episcopale, un grande avvenimento si verificò nella Chiesa: il 28 ottobre fu eletto papa Angelo Roncalli, che prese il nome di Giovanni XXIII. Era un vecchio di 77 anni, ma avrebbe portato alla Chiesa una ventata di giovinezza, indicendo il Concilio Vaticano II.

La città dell'acciaio doveva essere senza Dio

A Cracovia, intanto, Wojtyla (ausiliare di mons. Baziak) diventa rapidamente il vescovo dei giovani e dei lavoratori. Organizza venti centri di vita cattolica studentesca, frequentati da 15 mila giovani. Il programma è intenso: si approfondisce la propria fede nello studio serio della Bibbia, si affrontano severe giornate di ritiro silenzioso nella riflessione e nella preghiera, e nel tempo libero si scatenano le energie fresche nello sport. Anche il vescovo trentottenne prende parte alle partite di football, alle nuotate, alle gare di sci, alle remate sui laghi.

1959. «A Nowa Huta, sobborgo industriale di Cracovia destinato a diventare la "città dell'acciaio" della Polonia, avvengono manifestazioni e scontri nelle strade – ricorda Kascek Kuron, leader del *Comitato polacco di difesa operaia* –. Il motivo: il partito ha proibito che a Nowa Huta si costruisca una chiesa. Ci sono morti e feriti. Le condanne piovono pesantemente. Eppure, malgrado i divieti e i cavilli, la popolazione ottiene di costruirsi la propria chiesa».

Un'impressionante folla di 50 mila persone – scrive Paolo Galimberti – accompagnò Wojtyla nel giorno della consacrazione, e ne ascoltò le parole: «Ora Nowa Huta non è più una città senza Dio».

In una conversazione privata, Wojtyla dirà: «Il governo comunista aveva costruito Nowa Huta perché gli operai comunisti dominassero la cattolica Cracovia. La situazione si è capovolta: forse oggi la borghese Cracovia non avrebbe la forza di opporsi al governo, ma gli operai cattolici di Nowa Huta sì».

La sorda lotta del potere comunista contro la Chiesa continua. Nel 1961, alla frontiera, sono bloccate 50 mila copie della Bibbia, regalo di Papa Giovanni al popolo polacco. Il capo della polizia, ai vescovi che protestano, risponde: «Di Bibbie in Polonia ce ne sono fin troppe».

2.498 vescovi per un Concilio

11 ottobre 1962. Alle 8,30 inizia il Concilio Ecumenico Vaticano II.

2.498 vescovi sono venuti a Roma da ogni parte del mondo per rilanciare la Chiesa nel mondo del 2000. Sfila in piazza San Pietro la colonna interminabile delle mitrie bianche.

Il cardinale indiano Gracias è nato tra le baracche miserabili di Karachi, dove ogni mattina gli spazzini raccolgono i bambini morti di fame. Le mani scure di mons. Dudd hanno fatto vibrare l'arco e le frecce quando cacciava nella savana del Sudan. Il vescovo Mabathoana è un fiero zulù, suo nonno si chiamava «il leone della montagna». Rau e Iriarte, vescovi argentini, hanno la croce e il bastone pastorale di legno. La croce d'oro l'hanno venduta per i poveri. Monsignor Câmara vive in una sacrestia, tra i baraccati delle *favelas*, e dice parole così roventi contro i ricchi egoisti che l'hanno ribattezzato: «vescovo comunista». Il vescovo Zohralian, quel vecchio ottantenne dritto come una spada, è stato condannato a morte due volte. Accusa: ha salvato diecimila bambini armeni dal massacro degli sgherri di Hitler. Ha la schiena rigata dalle staffilate. Attorno al cardinale Wyszynski sono i quattordici vescovi della Polonia. C'è anche la faccia giovane di Wojtyla, 42 anni. Quando sono arrivati a Roma, una piccola folla di esiliati polacchi ha loro offerto un mazzo di rose rosse, color del sangue.

Il Concilio è una grande fucina di lavoro, dove si prepara il volto della Chiesa che deve affrontare il futuro. Wojtyla annoda preziose amicizie, lavora alla preparazione del documento più difficile e importante del Concilio: *La Chiesa nel mondo contemporaneo* (Gaudium et spes). Vi sono affrontati argomenti di bruciante importanza: la dignità della persona umana, il matrimonio e la famiglia, la cultura, la vita economico-sociale, la pace.

Il tavolo di lavoro dell'arcivescovo è in cappella

30 dicembre 1963. Il nuovo papa Paolo VI (è stato eletto da appena 6 mesi) nomina Wojtyla «arcivescovo metropolita» di Cracovia. Una carica assai pesante e impegnativa per un

giovane uomo di 43 anni. Cracovia raggiunge i 2.132.000 abitanti. Di essi 2.043.800 si dichiarano cattolici. È il centro più cattolico della cattolica Polonia (dove ci sono 28 mila tra preti e religiosi: il 10 per cento delle vocazioni sacerdotali di tutto il mondo).

Da questo momento, la giornata di Wojtyla è interamente «mangiata» dalla sua diocesi.

Suor Bogumila, per tanti anni impegnata in arcivescovado, così riassume una giornata-tipo di Wojtyla a Cracovia: «Sveglia alle 6, messa in cappella alle 6,30. Colazione un'ora dopo, poi nuovamente in cappella, dove l'arcivescovo ha messo il suo piccolo tavolo da lavoro. Qui legge, scrive e prega fino alle 11. Poi, per due ore e mezza, riceve sacerdoti e laici. Nel pomeriggio, dopo il pranzo, si dedica agli impegni pastorali: riunioni, visite alle parrocchie, ai poveri, ai malati. Se deve discutere qualcosa di urgente con i collaboratori, fa con loro una passeggiata nel bosco. La cena alle 19,30 o alle 20. Poi di nuovo in cappella per leggere, scrivere, pregare».

Le decisioni prese in ginocchio

L'arcivescovo – continua suor Bogumila – numera sempre ogni foglio con un'invocazione alla Madonna: *Ave Maria, Totus tuus, Maria* (Tutto tuo, Maria), *Maria Mater Gratiae* (Maria Madre del Signore misericordioso).

Sul tavolinetto che sta accanto al lettuccio, un libro di meditazione e la corona del rosario. Wojtyla non soffre di insonnia, ma si addormenta dopo aver letto alcune righe del libro e sgranato qualche *Ave Maria* sulla corona.

«A Cracovia – testimonia Maria Winowska – l'arcivescovo Wojtyla non prendeva alcuna decisione senza prima averla esaminata e pensata *in ginocchio*. Poi consultava gli amici, sacerdoti e laici. Aveva il meraviglioso dono di saper *ascoltare*. Molti lo chiamavano confidenzialmente: "zio", e non occorreva mettersi i guanti per dirgli che non si era d'accordo con lui. Eppure questa familiarità non oltrepassava mai i limiti del rispetto dovuto al Vescovo.

Per Wojtyla la preghiera è come il respiro. I suoi intimi sanno bene che le sue lettere pastorali, i suoi messaggi furono sempre scritti davanti al tabernacolo. Taluni discorsi che pronunciò durante il Concilio Vaticano furono scritti *in ginocchio*.

Quanti lo hanno visto o udito, sono sempre rimasti colpiti dalla tranquilla forza che emana anche dal più semplice dei suoi gesti, delle sue parole. Gesti e parole in lui sono radicati nella preghiera».

I seminaristi seguiti uno per uno

È qui, in questo colloquio continuo con Cristo, il segreto del suo profondo «entusiasmo di essere e di fare il prete». Questo entusiasmo, mai rumoroso ma semplice e tranquillo, cercava di comunicarlo ai suoi seminaristi, che seguiva «uno per uno».

Le vocazioni sacerdotali, in Polonia, sono molte, ma non è facile «diventare preti». L'insegnamento delle scuole statali (e sono le uniche scuole esistenti) è rigorosamente ateo.

A Cracovia, l'arcivescovo predica personalmente gli Esercizi Spirituali ai suoi seminaristi. L'argomento è sempre identico: *il Figlio di Dio che diventa uomo porta una grandezza e una dignità ad ogni uomo. Il prete è colui che nella società tiene il posto di Gesù, per continuare a svelare agli uomini la loro grandezza e la loro dignità.*

In occasione della beatificazione di padre Kolbe, il francescano che in campo di concentramento ha sacrificato la sua vita per salvare un altro prigioniero, l'arcivescovo tiene un memorabile discorso: «Oggi si discute su che senso abbia il sacerdote nella società. Padre Kolbe ci ha insegnato questo "senso" con la sua vita e la sua morte: vivere non per sé, ma per gli altri; dare la propria vita per gli altri. E questo non si può fare se non si crede nella profonda dignità e grandezza di ogni uomo, dignità e grandezza che stanno alla base della giustizia sociale e della pace. Questa è la missione di ogni prete, ciò che dà senso alla sua vita».

I giovani e i ragazzi continuano ad essere tutti suoi amici. Nessuno lo avvicina con timore. Lo chiamano semplicemente «zio». (Dopo la sua elezione a Papa, un ragazzino di Cracovia ha così riassunto il suo smarrimento: «E adesso che è *papa*, come facciamo a chiamarlo *zio*?»).

I 15 mila giovani delle organizzazioni studentesche lo hanno in mezzo a loro tutte le volte che lo desiderano. È in mezzo a loro quando vengono sorpresi dalla polizia, soffocati dai gas lacrimogeni, picchiati, arrestati, nel luogo stesso dove studiano la storia «non ufficiale» della Polonia.

Le sale parrocchiali, con l'incoraggiamento di Wojtyla, diventano i luoghi semi-clandestini dove i giovani trovano libertà di parola, possibilità di studiare letteratura e scienze non sottoposte a censura, non filtrate dai «libri di Stato».

«Drogi Jurku, sei tu?»

L'ebreo Jorek Kluger, diventato cittadino inglese, mentre si trova a Roma nel 1965 legge su un giornale che l'arcivescovo di Cracovia, Wojtyla, ha tenuto un importante discorso al Concilio Vaticano II. «Ma è lui! – pensa con un brivido –. Non può essere che Lolek, il mio amico di Wadowice». Telefona al Collegio Polacco. Wojtyla non c'è, e Kluger lascia il suo numero. «Così non lo metto in imbarazzo – pensa –. Se è lui e non vuole telefonarmi, sa come regolarsi». Alcuni minuti dopo, invece, squilla il telefono. E la voce inconfondibile grida: «Drogi Jurku, sei tu? Vieni subito a cena da me».

«E così – testimonia il signor Kluger – ricomincia il nostro antico rapporto di amicizia. Un'amicizia fatta di piccole grandi cose». La nipotina di Kluger deve subire un'operazione. Il nonno le racconta qualche favola della sua terra, ma ne ricorda poche. Allora si rivolge all'amico, che dalla Polonia invia libri di fiabe. E continua lo scambio di lettere, che immancabilmente cominciano: «Drogi Lolek», «Drogi Jurku».

Un sacco a pelo per il nuovo cardinale

29 maggio 1967. Paolo VI nomina cardinale Karol Wojtyla. È uno dei più giovani cardinali della Chiesa, 47 anni. I suoi amici studenti lo vogliono festeggiare facendogli un regalo. Ma quale? «Se proprio volete, compratemi un nuovo sacco a pelo. Quello che ho è tutto strappato, e quando dormo in tenda o nei rifugi non mi tiene più caldo».

Anche con la porpora da cardinale, Wojtyla non ha nessuna intenzione di abbandonare la vita sportiva che mantiene sano e robusto il suo fisico di montanaro. Quando scende a Roma per partecipare al Sinodo dei Vescovi, se ha un pomeriggio libero sale al Terminillo a fare qualche discesa libera e qualche slalom.

Qualcuno sostiene che non è un'attività degna di un cardinale, ma lui ci scherza sopra. Parlando agli studenti dell'Università Cattolica di Milano dice sorridendo: «La metà dei cardinali polacchi ha una buona capacità nello sciare. Cosa che non si può dire dei cardinali italiani» (Si guarda bene dall'aggiungere che i cardinali polacchi sono due: Wyszynski e lui).

Soltanto la parola

Nonostante tutte le promesse governative, nel 1970 i cattolici non possono disporre di nessun *mass-media* per difendere e diffondere la loro fede: non radio, non TV, non giornali. Devono affidarsi al mezzo più povero, la *parola*.

Wojtyla intensifica le sue visite pastorali alle parrocchie, parla direttamente alla gente, ai gruppi, alle singole persone. E la sua parola fa presa, lo rende familiare presso moltissime persone. «Anche gli Apostoli facevano così – mormora –. E se Dio ci aiuta, anche senza TV ce la faremo».

L'unico settimanale cattolico è sottoposto a una censura rigidissima e avvilente. Persino la fornitura di carta è fatta in maniera da strangolare lentamente la voce dei cattolici: il governo ne assegna il minimo sufficiente per stampare 20 mila copie la settimana. I cattolici devono passarselo da mano a mano.

I mezzi finanziari sono poi limitatissimi. «Tante volte al mattino – dice il cardinale – non sappiamo proprio che cosa mangeremo a pranzo».

Continua così il tiro della fune, che ora si rallenta, ora torna a tendersi sfiorando la rottura.

Nel 1971, Wojtyla è eletto primo membro del Consiglio del Sinodo dei Vescovi, a Roma. Deve fare molte volte il viaggio Cracovia-Roma. In una delle riunioni del Sinodo testimonia amaramente: «In Polonia l'intero sistema scolastico come pure la stampa, la radio e la TV sono permeati di ateismo, considerato come nuova religione di Stato. La propaganda atea gode di tutti i privilegi».

«Chi è per te Gesù Cristo?»

1975. Il settimanale cattolico che passa «da mano a mano», lancia un'inchiesta tra i lettori: *Chi è per te Gesù Cristo?* Scrive il cardinale Wojtyla:

«Alla redazione sono arrivate centinaia di risposte, tutte anonime. Compongono un quadro impressionante della vita interiore di molti uomini, svelano i problemi più profondi della loro vita interiore.

Scrivono giovani e anziani, gente colta e semplice. La stragrande maggioranza è gente che sta attraversando momenti difficili.

Un giovane operaio risponde: "Gesù Cristo era uno dei nostri". I giovani rispondono brevemente: "Lui permea la mia vita", "So che mi ama", "Lo vedo in ogni uomo", "Mi ha insegnato ad amare", "Mio Cristo, colui che ascolta e risponde", "Lo leggo negli uomini". Una serie di risposte simili attraversa tutta la massa dei lettori: "Cristo è un esempio dell'uomo", "Il più umano", "Un amico", "Cristo della pace", "È oggi tutto per me", "Colui che mi aspetta", "Colui che guida con il suo esempio", "Colui al quale mi affido", "Un indicatore della strada e l'autorità", "La presenza", "Il senso della vita e la mèta della vita", "Una inesauribile misericordia", "Lui è la felicità". Ancora una risposta: "Cristo è per me un amore sommo, che aspetta, perdona e abbraccia tutti gli uomini senza eccezione": l'ha scritta uno studente di 28 anni. Un seminarista ha scritto: "Credo che non si può essere uomo completo senza Cristo. Perciò festeggio il giorno del suo Natale come la mia nascita. Cristo è lo sposalizio di Dio con noi".

Non marxismo, non comunismo, non violenza

La Chiesa, dice Wojtyla, deve battersi per l'uomo, perché la causa dell'uomo è la causa stessa di Dio: la giustizia, la libertà, la pace sono diritti di ogni uomo, perché ogni uomo ha la dignità di figlio di Dio. Il marxismo che nega all'uomo la libertà dello spirito e lo considera materia organizzata, e la frenesia del consumismo prepotente che umilia la dignità dell'uomo e ugualmente lo considera un puro essere materiale, sono entrambi nemici dell'uomo, perché distruggono la sua dignità e grandezza. «Solo Cristo sa cosa c'è *dentro* l'uomo».

Uno dei «metodi» che Wojtyla rifiuta assolutamente in questa «battaglia per l'uomo» è la violenza, che nasce dall'odio. Quasi ripetendo le parole di padre Kolbe morente nel campo di sterminio, afferma: «Solo l'amore costruisce. L'odio distrugge. L'odio non costruisce niente. Può solo disgregare. Può disorganizzare la vita sociale, può tutt'al più fare pressione sui deboli, senza però edificare nulla».

In agosto muore Paolo VI

6 agosto 1978. Radio e televisioni di tutto il mondo danno un brivido all'estate con la notizia che Paolo VI è morto.

Da tutto il mondo arrivano a Roma i cardinali per il Conclave.

«In un torrido pomeriggio romano – scrive Dario Fertilio – da un aereo della LOT atterrato a Fiumicino scesero due cardinali. Uno era alto, quasi inquietante, avvolto in un mantello nero scosso dal vento: Wyszynski, il cardinale del silenzio, primate di Polonia, quasi un mito. L'altro era più piccolo, dall'espressione tranquilla, e si teneva rispettosamente in secondo piano: era Karol Wojtyla, 58 anni, arcivescovo di Cracovia, per tutti poco più di uno sconosciuto. Così tutti gli sguardi, tutti i tentativi per avere un'intervista sul Conclave si concentrarono soltanto su Wyszynski. Nessuno s'interessò dell'altro, in abito dimesso tanto da poter essere scambiato per un qualsiasi prete dell'Est».

33 giorni per sorridere

Il Conclave durò pochissimo. Alla balconata di San Pietro si affacciò il volto ridente e un po' preoccupato di Albino Luciani, il Patriarca di Venezia che diventava Giovanni Paolo I. Disse ai cardinali che lo avevano eletto: «Che Dio vi perdoni per ciò che mi avete fatto».

C'è una fotografia ormai storica: Papa Luciani stanco, dal volto tirato. Accanto a lui il cardinale Wojtyla, dal volto energico e forte, che pare voler trasfondere in quel fragile uomo chiamato ad un dovere altissimo tutta la sua prorompente energia.

Albino Luciani poté essere papa solo «per lo spazio di un sorriso»: 33 giorni. Il 28 settembre radio e televisioni scossero ancora il mondo con una notizia che sembrava un tragico scherzo: Giovanni Paolo I è morto. Il peso grave della guida della Chiesa lo aveva stroncato. «Che Dio vi perdoni». Quelle parole non erano state uno scherzo.

Wyszynski e Wojtyla arrivano nuovamente a Fiumicino, per il Conclave. Un fotoreporter, presso la scaletta dell'aereo, scatta sul cardinale di Cracovia numerose foto. Sorpreso, Wojtyla gli dice scherzando: «Non crederà mica che sia io il nuovo Papa!». Ha in mano una valigia da pochi soldi e porta scarpe risuolate.

12 chilometri in montagna, per trovare la Madonna

7 ottobre. Sta per aprirsi il Conclave, e Wojtyla prima di chiudersi là dentro ha voglia di fare una bella camminata, che sia anche un pellegrinaggio alla Madonna. Va in pullman fino a Capranica Prenestina, poi sale a piedi al Santuario della Madonna della Mentorella. Dodici chilometri di salita, fino a un'altezza di mille metri. Il Santuario è tenuto da alcuni religiosi polacchi. Abbracci, una lunga sosta in preghiera davanti alla Madonna, poi la discesa.

I pochi giorni che precedono il Conclave, Wojtyla li passa con i 23 studenti del Collegio polacco. «La mattina dell'ultimo giorno – scrive Franca Zambonini – s'è svegliato presto, come al solito. La sera prima, una dolce serata dell'ottobre romano, lo avevano sentito sulla terrazza, recitare il rosario insieme con il segretario, passeggiando tra i vasi di crisantemi bianchi.

S'è svegliato presto, ha fatto di corsa, col suo passo da sportivo, i 51 gradini che portano alla cappella, e alle sette ha celebrato la Messa insieme a una ventina di altri sacerdoti.

Di corsa all'ospedale

La Messa era appena finita che padre Josef, il rettore, fu chiamato al telefono. La notizia era triste: annunciavano che mons. Deskur, uno dei migliori amici di Wojtyla, era stato colpito da trombosi. Padre Josef non andò a dirglielo subito, in cappella dove il cardinale si tratteneva per un lungo ringraziamento. Aspettò il momento della colazione. Wojtyla non finì il suo caffelatte. Pregò il rettore di accompagnarlo subito dal malato».

Mons. Deskur, suo compagno di scuola e amico intimo, era stato ricoverato d'urgenza al policlinico Gemelli. Quando il cardinale arrivò era senza conoscenza, il cannello dell'ossigeno accanto alle labbra. Wojtyla rimase accanto al letto con nel volto una pena profonda. Pregò. Quando tornò al Collegio polacco era taciturno, come oppresso da una grande tristezza. Tornò sereno soltanto alla fine del pranzo, quando gli studenti intonarono una canzone polacca, e la cantarono tenendosi per mano.

Nel pomeriggio di quel 14 ottobre deve entrare in Conclave. Parte in fretta, perché vuole passare ancora a vedere il suo amico ammalato. Intanto i giornali impazzano con titoli enormi, ragionando di candidati al papato e facendo pronostici come se si trattasse di cavalli che corrono un derby. In quei giorni, come in quelli che avevano preceduto l'elezione di Papa Luciani, i giornalisti italiani «specializzati» dimostrano una superficialità grottesca.

Il 15 ottobre, domenica, le fumate sono tutte nere.

«Mamma, è un africano?»

È quella serale del 16 ottobre ad essere bianca e lunghissima. La gente, già numerosa sulla vastissima piazza, s'infittisce in maniera impressionante. Davanti ai televisori si calcolano presenti decine di milioni di persone.

Ed ecco lassù aprirsi il finestrone centrale. Il cardinale Felici, nel suo sonoro latino, intona: «Vi annuncio una gioia grande: abbiamo il Papa!». Sulla piazza già buia, tagliata dalle lame dei riflettori e dei fari della televisione si aspetta in un silenzio totale il nome dell'eletto. «Carlo cardinale Wojtyla», continua Felici.

Un attimo d'imbarazzo, quasi di gelo. La folla mormora: «Chi è?». Subito dopo scoppia l'applauso, ma è un applauso di sorpresa, forse un poco di delusione. Non è un italiano.

La giornalista Laura Lilli, che è tra la folla, sente un ragazzetto dire: «Mamma, è un africano?». «Silenzio!» gli impone la madre con una severità che tradisce lo sgomento.

Lassù il cardinale Felici sta dicendo che il nuovo Papa prende il nome di Giovanni Paolo II. Vuol essere il continuatore del «papa del sorriso», dunque. Intanto la televisione italiana ha annunciato che si tratta di un cardinale polacco. È il primo papa polacco, il primo originario di un Paese comunista, il primo papa non italiano dopo il 1522, e il più giovane (59 anni) dopo il 1846.

«Un papa straniero – dice con flemma un taxista, la sigaretta accesa all'angolo della bocca –. E perché no? Anche San Pietro era straniero».

«Lo hanno chiamato da un paese lontano»

Laura Lilli, tra la folla, continua ad appuntare impressioni sul taccuino. Sulla balaustra del balcone viene calato lo stendardo bianco dal bordo rosso. La folla continua ad applaudire. «Ma è polacco» dice una ragazza al giovanotto con cui è venuta. «Non importa, applaudi lo stesso». Una signora dice perentoria: «Questo per i comunisti avrà buoni argomenti». «Però non riesco a immaginare che sia polacco» dice una ragazzetta alla madre. «Mamma, e l'italiano lo saprà?». La madre si fa il segno della croce. «E se facesse un bel discorso in latino, chi lo capisce?» dice una ragazza.

Alle 19,20 la finestra sul fondo s'illumina, si apre. Una piccola folla scarlatta di cardinali si affaccia. Il termometro degli applausi sale. Alle 19,22 ecco la voce ferma e sonora del nuovo Papa: «Sia lodato Gesù Cristo!». «Sempre sia lodato» risponde il gigantesco coro. Tutti sono rinfrancati. «Parla italiano», osserva la ragazza preoccupata di non capire il latino. «Carissimi fratelli e sorelle» riprende Giovanni Paolo II, «siamo ancora tutti addolorati dopo la morte dell'amatissimo papa Giovanni Paolo I». Gli applausi sono cordiali e sinceri. «Ed ecco» riprende la voce «che gli eminentissimi cardinali hanno chiamato un nuovo vescovo di Roma. Lo hanno chiamato da un Paese lontano». Questa volta i battimani scrosciano. «Lontano, ma sempre così vicino nella comunione della fede e della tradizione cristiana. Io ho avuto paura nel ricevere questa nomina, ma l'ho fatto nello spirito dell'ubbidienza verso nostro Signore Gesù Cristo, e nella fiducia totale verso la sua Madre, Madonna santissima. Non so se posso bene spiegarmi nella vostra... nella *nostra* lingua italiana. Se mi sbaglio, mi corriggerete. E così mi presento a voi tutti, per confessare la nostra fede comune, la nostra speranza, la nostra fiducia nella madre di Cristo e della Chiesa, con l'aiuto di Dio e con l'aiuto degli uomini».

In quei brevi attimi, scanditi da pause per cercare le parole esatte, Papa Wojtyla riesce a stabilire con la folla una corrente di simpatia che non si interromperà più.

Le campane squillano in Polonia

Al Collegio polacco, in questo momento, l'autista fratel Mariano, che è un omone, afferra padre Josef e lo lancia per aria con un grido di gioia. È come un segno di ciò che sta avvenendo in Polonia: una sorpresa grande, una gioia sconfinata.

Le campane squillano su tutti i campanili per 15 minuti. Processioni gioiose ma composte di fedeli s'incamminano verso tutte le chiese.

Il poverissimo settimanale cattolico esce con queste righe a carattere grande: «Oggi noi polacchi siamo veramente felici, e ciò, come sapete, non ci è capitato sovente nella nostra storia».

I giornali nella notte preparano rapidamente la scheda biografica di Wojtyla, gettando nel cestino tutte quelle sui «papabili» preparate dagli «specialisti». Si viene a sapere che parla correntemente, oltre al polacco, il latino, l'italiano, il francese, il tedesco, l'inglese. «E il russo?» domandano a un prete polacco. Replica secco: «Nessun polacco parla il russo». Si viene pure a sapere che ha scritto 5 libri, più di 500 articoli, alcune commedie e poesie non disprezzabili. È uno dei tre vescovi europei eletti «membri permanenti» del Sinodo che raggruppa i vescovi del mondo intero.

Quali furono i sentimenti che si agitarono nel cuore di Papa Wojtyla in quelle prime ore? Qualche giornalista, usando la fantascienza, ha scritto colonne di pie sciocchezze. C'è una sola frase, detta dal cardinale Wyszynski, che lascia trasparire un lampo di quello che dovette passare nel cuore del nuovo Papa. «Questa notte la Polonia è sicuramente nella gioia», gli disse un cardinale con volto festoso. Wyszynski gli rispose: «Sì, ma c'è un polacco che certamente non condivide la gioia degli altri, è Wojtyla».

La mano su un tumore inguaribile

Nel pomeriggio, quindici minuti dopo le cinque, il Papa sale in macchina e va al policlinico Gemelli a trovare l'amico ammalato. «Al Policlinico – scrive Francesco Santini – si trova tra una folla impazzita, tagliata a fatica dagli uomini della guardia pontificia. Sorride, sembra gradire la ressa dei medici, degli infermieri. Saluta con gesti misurati della mano. Trentacinque minuti con l'amico Deskur, chiamato "fratello mio". Un breve messaggio nei microfoni interni dell'ospedale, per gli ammalati. Un "grazie" per chi lo ha accolto e per quanti "mi hanno difeso, perché c'era proprio, per sovrabbondanza di affetto, la possibilità che rischiassi di restare anch'io qui dentro"».

Mentre è già salito in macchina, si avvicina un malato, la

testa e il collo fasciati. Prende la mano del Papa e se la mette sulla gola: «Ho un tumore inguaribile – riesce a mormorare –. Non chiedo un miracolo». Il Papa è un po' interdetto, poi si raccoglie un attimo in preghiera con quell'uomo che piange: non un miracolo, chiede, ma un po' di speranza. Quando lo lascia ha anche lui gli occhi pieni di lacrime.

Due redattori ai cancelli della FIAT e della Falck

Il *Corriere della sera* di Milano ha un'idea geniale. «Hanno eletto un papa-operaio? Vediamo che cosa ne pensano gli operai». Spedisce due redattori ai cancelli della FIAT a Torino, e della Falck a Sesto San Giovanni.

«Sei del mattino, davanti ai cancelli di Mirafiori – annota Antonio Ferrari –. È ancora buio e una cappa di nebbia avvolge Torino. Un operaio, reparto carrozzeria: "Che cosa pensa del nuovo Papa?". "Mi va benissimo". "Perché?". "Ha la faccia da operaio". "Se è per questo, ha anche fatto l'operaio a Cracovia". "Allora tanto meglio, è quasi dei nostri. Forse è un compagno".

I primi turnisti entrano frettolosi, borsa in mano, tessera di riconoscimento nell'altra. Sul taccuino tiro giù almeno cinquanta interviste-lampo. La maggioranza è soddisfatta: "È un Papa lavoratore, non un aristocratico di curia". "Ha un volto onesto, poi è curioso che sia un polacco". La minoranza oscilla tra: "Mi lascia indifferente" e: "Non me ne frega niente"... Scendono operai da un autobus. Due mi dicono: "A parte tutto ci va bene un polacco. Gente onesta, quella. Ai campionati del mondo, dopo l'Italia, tenevo per la Polonia".

Domando a uno dei guardiani se ha seguito alla tele l'ultima fumata. "No, non so niente, non m'interessa. Ieri sera ho giocato a tresette fino a tardi". Un operaio entra sfogliando un quotidiano: "Come cattolico e come lavoratore sono soddisfatto. È un passo coraggioso. Questo Papa sarà aperto anche con noi lavoratori"».

«Gaspare Viscardi, circondato dai compagni di lavoro davanti ai cancelli della Falck – annota Massimo Nava – ricorda il luglio del '67: "Ero in viaggio in Polonia con un amico. Incontrai Wojtyla. Mi parlò delle difficoltà della Chiesa in uno stato comunista, ma aggiunse che quello che si dice in occidente non è tutto vero. Ieri sera l'ho rivisto alla TV: è proprio lui che mi ha stretto la mano!".

La grande fabbrica offre un campionario di riflessioni acute, di battute, di ovvietà. Un delegato della FIOM dice: "Stavolta hanno fregato gli italiani". Un bergamasco ricorda la gioia di suo padre: "Ha 80 anni, è stato prigioniero a Cracovia. Mi dice che là in Dio ci credono davvero". Un operaio: "I cardinali sono più bravi dei politici nello sbrigare queste faccende". Un altro riadatta Cavour: "Libera Chiesa in libero mondo!". Un'operaia sestese: "È giovane, è bravo, ha detto che ha sempre lavorato. Speriamo che lo lascino vivere". Una sua collega di magazzino: "Sono rossa purosangue, ma vado a messa e anche a Lourdes. Questo Papa mi piace anche fisicamente, ha una personalità di prestigio"».

Botta e risposta con 1.500 giornalisti

21 ottobre. Papa Wojtyla riceve 1.500 giornalisti. Improvvisa con loro, camminando e stringendo le mani, una conferenza-stampa che complessivamente dura un'ora e mezza. È una novità assoluta in Vaticano, dove il Papa non ha mai risposto a domande. Ma per uno che viene dalla Polonia è un'occasione eccezionale: lassù nessun giornalista va a chiedere il parere di un Vescovo.

Comincia a parlare lui. Un accenno garbatissimo alle «false profezie» che hanno riempito i giornali nell'imminenza del Conclave: «Le cose sono spesso più semplici di quanto non si immagini: oso appena accennare alla mia elezione. Com'è difficile saper presentare adeguatamente *il vero volto della Chiesa*!». Poi un rapido accenno alla grandezza della loro professione: «Voi siete gelosissimi della libertà d'informazione e di espressione: avete ragione. *Ritenetevi fortunati* di poterne beneficiare! Fate buon uso di questa libertà per scoprire più da vicino la verità, per avvicinare i vostri lettori a ciò che li aiuta a scoprire il senso ultimo della vita, ad aprirsi al mistero di Dio, *così vicino ad ognuno di noi*... La Vostra professione, così esigente e talvolta così potente – starei per dire la vostra *vocazione* così attuale e così bella – eleverà lo spirito e il cuore degli uomini».

Poi si mette a camminare tra loro, abbracciando amici, stringendo mani, rispondendo in cinque lingue ad ogni domanda, anche alle più insidiose. «Andrà in Polonia?». «Certo. Non una volta sola, ma il più possibile». «E in Russia?». «Se me lo permetteranno». «Andrà a sciare?». «Questo dubito assai che me lo permetteranno». «È stato difficile ambientarsi in Vaticano?». «Se va avanti così può passare». Un giornalista tedesco: «Sono felice che tedeschi e polacchi si siano riconciliati». Il Papa gli dà una pacca sulle spalle: «È stata una cosa molto bella». C'è Emilio Rossi, direttore del TG1, con le stampelle. Le Brigate Rosse gli hanno sparato alle gambe. Il Papa gli mormora: «Preghi per me». «Incontrerà i giornalisti almeno una volta all'anno?». E lui ridendo: «Vedremo come mi tratterete».

«Non abbiate paura di Cristo»

22 ottobre, domenica. Sulla piazza San Pietro 400 mila persone prendono parte all'inizio ufficiale del pontificato di Giovanni Paolo II. I cento cardinali, in fila lenta, si inginocchiano davanti a lui e gli baciano la mano. Dovrebbe essere un gesto formale, invece l'occhio di vetro della televisione inquadra ognuno di quei gesti, e tutti possono vedere che è l'incontro gioioso di fratelli.

Un brivido di commozione assale tutti quando Wyszynski, il settantottenne primate di Polonia, si getta in ginocchio.

Il Papa si alza di scatto, cerca di inginocchiarsi anche lui, gli bacia la mano e poi lo abbraccia a lungo. Le statistiche dicono che un miliardo e mezzo di persone stanno assistendo.

Poi Giovanni Paolo II parla: «Aiutate il Papa e tutti quanti vogliono servire Cristo, e, con la potestà di Cristo, servire l'uomo e l'umanità intera. Non abbiate paura! Aprite, anzi spalancate le porte a Cristo. Alla sua salvatrice potestà aprite i confini degli Stati, i sistemi economici come quelli politici, i vasti campi della cultura, di civiltà, di sviluppo. Non abbiate paura! Cristo sa "cosa è dentro l'uomo". Solo lui lo sa».

Un ragazzetto polacco, in giacchetta marrone e camicia bianca, si fa avanti portandogli un mazzo di fiori «che vengono dalla Polonia». Papa Wojtyla lo abbraccia con un gesto largo e un sorriso buono. Poi gli stringe la mano, da uomo a uomo.

«Non sarei qui se non ci fosse stata la tua fede»

Ma il primo incontro con i suoi connazionali, Papa Wojtyla l'ebbe il giorno seguente, 22 ottobre. L'aula delle udienze colma da straripare, il papa confuso tra la folla, spinto, sommerso e felice. Una ragazza grida: «*Wuyku! wuyku!*, zio! zio!». E lui: «Halina, sei tu?». Poi, nella calma ricomposta a stento, il vecchio primate Wyszynski che parla:

«Nonostante tu sieda sulla sedia di Pietro, resti sempre un vescovo polacco. In ginocchio ti assicuriamo che ti saremo sempre vicini e ti sosterremo con la nostra preghiera».

Papa Wojtyla risponde quasi piangendo. Deve interrompersi più volte. Dice a Wyszynski: «Non sarei ora qui se non ci fosse stata la tua fede, che non è mai indietreggiata di fronte alla sofferenza e alla prigione». E alla sua gente: «Pregate perché questo papa, che è sangue del vostro sangue e cuore dei vostri cuori, serva bene la Chiesa e il mondo. Opponetevi a tutto ciò che è contro la dignità umana e al bene comune. Non mi è facile rinunciare al ritorno in patria, ma se questa è la volontà di Cristo, bisogna accettarla e perciò l'accetto».

Tre pietre fondamentali

Nei giorni seguenti cominciò la vita «normale» del Papa, con i grandi impegni che nessuno vede, e gli episodi pittoreschi che tutti i giornali raccontano: il ritorno in elicottero al santuario della Mentorella, il pellegrinaggio ad Assisi, le udienze affollatissime ai sacerdoti, alle suore, ai ragazzi e ai giovani, la visita alle parrocchie di Roma con i ragazzini che gridano: «Forza, papa!».

Gli avvenimenti grandissimi che Giovanni Paolo II ha posto come prime pietre fondamentali del suo pontificato sono tre: il viaggio a Puebla, l'enciclica *Redemptor Hominis*, il viaggio in Polonia.

Raccontare questi tre grandi avvenimenti attraverso una serie di episodi, vorrebbe dire tradirli, stravolgerli. Essi sono i primi gesti decisi con cui Papa Wojtyla ha segnato la strada per la Chiesa che marcia verso il 2000.

A Puebla: portare all'uomo la vera liberazione

A Puebla, in Messico, si è curvato a baciare la terra del continente su cui vive il numero più grande di cattolici (350 milioni, che nel 2000 sfioreranno il mezzo miliardo), e un numero spaventoso di gente povera, denutrita, sfruttata.

Ha parlato ai vescovi del Sudamerica radunati a Puebla per indicare la strada su cui occorre camminare per liberare i poveri e gli oppressi, che sono i prediletti di Dio.

Molti pensano che per cambiare la società sia sufficiente cambiare le strutture. È l'illusione di tutte le rivoluzioni della storia, l'illusione affascinante e quasi ipnotizzante del marxismo. Ma Papa Wojtyla conosce la «rivoluzione» avvenuta in Polonia in nome del marx-leninismo, come ormai tutti conoscono quelle avvenute in Vietnam, in Cambogia. Per questo ha detto ai vescovi che simile trasformazione lascerebbe le cose come prima se non peggio di prima.

La vera liberazione sarà possibile solo se passerà attraverso una conversione personale e comunitaria, sull'esempio dei primi cristiani. Occorre annunciare il Vangelo con la vita. Solo così si può trasformare la società e il mondo. Il «regno di Dio» opera dall'interno, come il lievito nella massa di farina.

Una lettera a tutti gli uomini di buona volontà

La *Redemptor Hominis* è la lettera di Papa Wojtyla a tutti gli uomini di buona volontà. Due sono le verità fondamentali che egli vuole penetrino nella nostra mente, perché possano muovere la nostra azione:

– Cristo è colui che ha portato agli uomini una grandezza e una dignità di valore altissimo: li ha trasformati in «figli di Dio». Questa dignità e grandezza sono i fondamenti incrollabili dei diritti di ogni uomo: diritti civili, sociali, internazionali.

– La Chiesa continua a fare per l'uomo ciò che ha fatto Cristo: svela agli uomini la loro grandezza e la loro dignità, e si batte per i loro diritti inviolabili. Battersi per Dio è battersi per l'uomo, l'uomo calpestato, umiliato, non soltanto dalle dittature, ma anche dalle filosofie che negano la sua profonda dignità. Questa «battaglia» per l'uomo non vuol dire entrare direttamente in politica, proporre tecniche di governo. La Chiesa non ha questa missione, ma quella di difendere la dignità e la grandezza dell'uomo quando esse vengono dimenticate.

In ginocchio nel bunker della morte

Il viaggio in Polonia è stato il ritorno caldo e affettuoso di un figlio alla propria terra. Nel turbine delirante delle feste polacche, più in alto di ogni altra cosa rimarrà il gesto che Papa Wojtyla ha compiuto quando è entrato e si è inginocchiato nel «bunker della morte» dove padre Kolbe morì per salvare un suo fratello uomo. Un gesto silenzioso e clamoroso per tutti i preti del mondo, per scuotere i dubbi e le perplessità sulla loro missione. Essi hanno, come padre Kolbe, la missione insostituibile di salvare i loro fratelli uomini.

Pellegrino in tutto il mondo

Da quei primissimi anni, la vita di Papa Wojtyla si è riempita di avvenimenti previsti e non previsti.

Con una serie di viaggi spettacolari ha portato la parola di Gesù in ogni parte del mondo, ai Cristiani e agli altri uomini di buona volontà.

Ha rischiato la vita sotto i colpi di un attentato in Piazza San Pietro.

Ha visto crollare il muro di Berlino e il comunismo in tutto il mondo, a cominciare dalla sua Polonia.

Ha visto con pena nascere, dopo il comunismo, l'impersare del consumismo egoista e pagano.

La sua figura poco curvata dall'età e dalla stanchezza continua ad affidare a tutti due messaggi: «Spalanchiamo le porte a Cristo!». «Salviamo la persona umana!».

INDICE

S.G.S. Torino